ランクA

1 漢字の読み 1

出るじゅん ランクA

合かく 10 / 12

とく点

みがなを——線の右に書きなさい。

□ 1 トラックからつみ荷を下ろす。

□ 2 これは父が大すきな曲だ。

□ 3 友だちからの電話を受ける。

□ 4 石田さんの家は有名な農家だ。

□ 5 朝はとても寒かった。

□ 6 悲しい話を聞いて、なみだを流す。

□ 7 りんごの皮をむいて食べる。

□ 8 明日の運動会が楽しみだ。

□ 9 山口君がまた百点をとったそうだ。

□ 10 ぼくの身長は一三〇センチだ。

□ 11 鼻をぽりぽりとかく。

□ 12 木々の緑が目にあざやかだ。

2 漢字の読み 2

出るじゅんランクA

合かく 10/12

とく点

◆つぎの――線の漢字の読みがなを――線の右に書きなさい。

□ 1 助走をつけて、思いきりジャンプする。

□ 2 あの電柱のところを右に曲がる。

□ 3 春休みの旅行の日どりが定まる。

□ 4 二月三日に豆まきをする。

□ 5 医者に家でねていなさいと言われた。

□ 6 便利《べんり》な道具が次々にできる。

□ 7 安くてよい物を買う。

□ 8 両の手を開いてキャッチする。

□ 9 反対の意見もよく聞く。

□ 10 プランターに入った植物を買う。

□ 11 船で五つの島をめぐる。

□ 12 親切にしてもらった礼を言う。

3 漢字の読み 3

出るじゅんランク A

合かく 10／12

とく点

◆つぎの——線の漢字の読みがなを——線の右に書きなさい。

□ 1 長い行列ができている。

□ 2 バスが車庫にもどる。

□ 3 引き出しの中を整える。

□ 4 お昼になれば氷もとけるだろう。

□ 5 どうすればよいかを兄に相談する。

□ 6 自由にどこにでも行けるといいなあ。

□ 7 ぼくの横にいるのは、一つ下の妹だ。

□ 8 町の人口が倍になったそうだ。

□ 9 世界地図を見ながら空想する。

□ 10 母によく童話を読んでもらった。

□ 11 旅行先ですてきな宿を見つけた。

□ 12 リボンを等しい長さに切る。

4 漢字の読み 4

出るじゅんランクA

合かく 10 / 12

とく点

◆つぎの——線の漢字の読みがなを——線の右に書きなさい。

□ 1 あと十五分ほどで次の駅に着く。

□ 2 この橋は、昔は木でできていたそうだ。

□ 3 ビルの屋上からけしきをながめる。

□ 4 この研究をずっとつづけていきたい。

□ 5 みんなにべんとうとお茶を配る。

□ 6 たいへんな仕事だが、やりがいがある。

□ 7 学校でそろばんを習う。

□ 8 今日も一日が終わった。

□ 9 祭りのじゅんびをてつだう。

□ 10 ようやく都会の生活になれてきた。

□ 11 空港まで父をむかえに行く。

□ 12 妹のたん生日を家族みんなでいわう。

5 漢字の読み 5

出るじゅんランクA

合かく 10/12

とく点

◆つぎの——線の漢字の読みがなを——線の右に書きなさい。

□ 1 春の川でめだかが泳ぐ。

□ 2 木のぼうで地面に絵をかく。

□ 3 京都《きょうと》には有名なお寺がたくさんある。

□ 4 夕方まで同じ作業をつづける。

□ 5 海べを散《さん》歩しながら貝がらを拾う。

□ 6 去年、この町に引っこしてきた。

□ 7 公園の中央に大きな池がある。

□ 8 きょうりゅうの化石が見つかる。

□ 9 ボールを遠くまで投げる。

□ 10 最後のはんだんは君に委ねる。

□ 11 羊毛で父のセーターを作る。

□ 12 美しいけしきを写真に残《のこ》す。

6 漢字の読み 6

出るじゅんランクA

合かく 10/12

とく点

◆つぎの――線の漢字の読みがなを――線の右に書きなさい。

□ 1 月のない暗い夜空を見上げた。

□ 2 何日も暑い日がつづいている。

□ 3 海岸で、しずむ夕日を見る。

□ 4 今日はすきなだけ飲食してもよい。

□ 5 少なくなっていく緑を守る。

□ 6 父はお酒がすきで、よく買ってくる。

□ 7 健康《けんこう》を第一に考える。

□ 8 読みかけだった本を開く。

□ 9 さるが道具を上手に使う。

□ 10 おにごっこで、にげる弟を追う。

□ 11 新学期になって、クラスの係を決める。

□ 12 日帰りのバス旅行を申しこむ。

7 漢字の読み 7

出るじゅんランクA

合かく 10/12

とく点

◆つぎの――線の漢字の読みがなを――線の右に書きなさい。

□ 1 お昼の放送の計画を立てる。

□ 2 黒板に図を書いて説《せっ》明する。

□ 3 庭で、春にさく草花を育てる。

□ 4 しばらく天気の悪い日がつづくらしい。

□ 5 子どもたちをしっかりと教育する。

□ 6 紙ぶくろに入れた荷物を運ぶ。

□ 7 駅前に銀行が二つある。

□ 8 物語の文章をノートに書く。

□ 9 約束《やくそく》の場所で友人を待つ。

□ 10 軽い運動をしてから走りだす。

□ 11 他の人の話も聞いてみたい。

□ 12 十年後、この地区は生まれ変《か》わる。

8 漢字の読み 8

出るじゅんランクA

合かく 10/12

とく点

◆つぎの――線の漢字の読みがなを――線の右に書きなさい。

□ 1 一人で無《む》人島をたんけんする。

□ 2 毎日、兄とサッカーの練習をする。

□ 3 雨のあとの川の流れはとても速い。

□ 4 旅先の湖でボートをこぐ。

□ 5 きのう注文した品物が今日とどいた。

□ 6 洋服を着がえていそいそと外出する。

□ 7 お宮にまいってねがいごとをする。

□ 8 今から学校に向かうところだ。

□ 9 大きな皿にサラダをたくさんもる。

□ 10 よい友だちにめぐまれて幸せだ。

□ 11 あすは小学校の入学式が行われる。

□ 12 口笛をふくと小鳥が集まってきた。

9 漢字の読み 9

出るじゅんランクA

合かく 10/12

とく点

◆つぎの――線の漢字の読みがなを――線の右に書きなさい。

□ 1 身のまわりをそうじする。

□ 2 よせては返す波の音を聞く。

□ 3 温かい心にふれて、なみだが出る。

□ 4 手帳はいつも持ち歩いている。

□ 5 今日はとても寒いのでマフラーをした。

□ 6 パーを出してじゃんけんに負ける。

□ 7 しばらく休息をとる。

□ 8 次の駅でおりて、三十分歩く。

□ 9 炭をおこして肉や魚をやく。

□ 10 父のふるさとは九州の大分《おおいた》県だ。

□ 11 さん成《せい》の人に起立をしてもらう。

□ 12 冬は夏よりも、ずいぶん日が短い。

10

漢字の読み 10

出るじゅんランクA

合かく 10 / 12

とく点

◆つぎの――線の漢字の読みがなを――線の右に書きなさい。

□ 1 食後にきちんと歯をみがく。

□ 2 消しゴムを友だちにあげる。

□ 3 ぼくは、ころんでしまい、ひざから血が出た。

□ 4 根気のいる作業をつづける。

□ 5 山には、秋に葉を落とす木が多い。

□ 6 宿題を終えてからテレビを見る。

□ 7 横だん歩道をわたって家へ帰る。

□ 8 どのチームが勝つかを予想する。

□ 9 チョウについて調べる。

□ 10 電車に乗るために急ぐ。

□ 11 あれは、新しくできた病院だ。

□ 12 やかんから湯気が立ち上る。

11 漢字の書き 1

出るじゅんランク A

合かく 16 / 20

とく点

◆つぎの□の中に漢字を書きなさい。

□ 1 [1]□《しょう》店街《がい》の中[2]□《おう》広場に行く。

□ 2 家の[3]□《や》[4]□《ね》に二羽のからすがいる。

□ 3 家の前の[5]□《さか》道を工[6]□《じ》している。

□ 4 [7]□《も》っているたからを大切に[8]□《まも》る。

□ 5 [9]□《せ》[10]□《かい》地図を広げてながめる。

□ 6 [11]□《にわ》の花だんに[12]□《うつく》しい花がさく。

□ 7 [13]□《しん》夜に家を出[14]□《ぱつ》する。

□ 8 [15]□《とう》ふにしょう油で[16]□《あじ》をつける。

□ 9 となりに[17]□《す》む人の話に、あいづちを[18]□《う》つ。

□ 10 まぶしい太[19]□《よう》の下で元気に[20]□《あそ》ぶ。

12 漢字の書き 2

◆つぎの□の中に漢字を書きなさい。

□ 1 体 1□《いく》の時間にとび 2□《ばこ》をとぶ。

□ 2 もうすぐ 3□《はし》の建《けん》せつが 4□《はじ》まる。

□ 3 カバンを 5□《ひら》いて、6□《くすり》を出す。

□ 4 本を 7□《かえ》すために図書 8□《かん》へ行く。

□ 5 夏休みに自由 9□《けん》10□《きゅう》をする。

□ 6 水色の絵の 11□《ぐ》を手に 12□《と》る。

□ 7 高 13□《きゅう》なお 14□《さけ》を買う。

□ 8 15□《じん》社のけいだいに木を 16□《う》える。

□ 9 かぜをひかないように 17□《ちゅう》18□《い》する。

□ 10 19□《ひつじ》の出てくる 20□《むかし》話を聞いた。

出るじゅんランクA

合かく 16 / 20

とく点

13

漢字の書き 3

出るじゅん ランク A

合かく 16 / 20

とく点

◆つぎの□の中に漢字を書きなさい。

□ 1 このげきの 1□《しゅ》役は 2□《みずうみ》のようせいだ。

□ 2 3□《おも》い石と 4□《かる》い石が交じっている。

□ 3 5□《へい》6□《わ》についてみんなで考える。

□ 4 7□《こおり》を入れたつめたい水を 8□《の》む。

□ 5 ぼくは 9□《はん》10□《たい》の考えをのべた。

□ 6 海 11□《がん》から二つの 12□《しま》が見える。

□ 7 こまったときは父に 13□《そう》14□《だん》する。

□ 8 木の 15□《ひょう》16□《めん》をていねいにみがく。

□ 9 人々は王 17□《さま》にお 18□《れい》を言った。

□ 10 トラックに 19□《に》20□《もつ》をつみこむ。

14 漢字の書き 4

出るじゅんランクA

合かく 16 / 20

とく点

◆つぎの□の中に漢字を書きなさい。

- □ 1 夏休みに、家 1□《ぞく》で九 2□《しゅう》へ行く。
- □ 2 リレーのタイムが十 3□《びょう》も 4□《お》ちた。
- □ 3 行 5□《れつ》が、町中の道 6□《ろ》を進む。
- □ 4 友だちとえい画の 7□《かん》 8□《そう》を話し合う。
- □ 5 村人たちは 9□《ふえ》をふき、 10□《しょう》利《り》を喜《よろこ》んだ。
- □ 6 なかなか 11□《しゅく》 12□《だい》が終わらない。
- □ 7 クラス 13□《ぜん》 14□《いん》でゲームをする。
- □ 8 15□《てつ》ぼうの前に 16□《あつ》まる。
- □ 9 17□《みなと》を出た船が 18□《なみ》の静《しず》かな海を進む。
- □ 10 いつも、 19□《えき》まで自 20□《てん》車で行く。

15 漢字の書き 5

出るじゅんランク A

合かく 16 / 20

とく点

◆つぎの□の中に漢字を書きなさい。

□ 1 かん 1□《ばん》のデザインをあなたに 2□《ゆだ》ねる。

□ 2 3□《りょう》手でボールを 4□《う》ける。

□ 3 きれいなけしきを 5□《しゃ》 6□《しん》にとる。

□ 4 7□《りょ》行のスケジュールを 8□《き》める。

□ 5 野 9□《きゅう》のルールを本で 10□《しら》べる。

□ 6 毎日、音楽会の 11□《れん》 12□《しゅう》をする。

□ 7 豆ふ一 13□《ちょう》をお 14□《さら》にもる。

□ 8 お昼に 15□《ほう》 16□《そう》する話を考える。

□ 9 17□《うん》 18□《どう》会でダンスをひろうする。

□ 10 19□《かな》しい時 20□《き》をえがおでのりこえる。

16 漢字の書き 6

出るじゅんランク A

合かく 16／20

とく点

◆つぎの□の中に漢字を書きなさい。

□ 1 この地 1□《く》は、とても 2□《みどり》が多い。

□ 2 3□《ち》が出たのでハンカチを 4□《つか》っておさえる。

□ 3 虫歯がいたむので歯 5□《い》 6□《しゃ》に行く。

□ 4 7□《せ》界の人たちとの関 8□《けい》を大切にする。

□ 5 よごれた 9□《よう》 10□《ふく》をあらう。

□ 6 午後から 11□《きゅう》に気 12□《おん》が下がった。

□ 7 13□《みじか》い言 14□《ば》であいさつをする。

□ 8 何 15□《ど》も書いて日本の 16□《けん》名を覚《おぼ》える。

□ 9 17□《はしら》の下から 18□《か》石が出た。

□ 10 しつ 19□《もん》をかい決するための 20□《だい》一歩だ。

17 漢字の書き 7

出るじゅんランク A

合かく 16/20

とく点

◆つぎの□の中に漢字を書きなさい。

□ 1 (1)□《くら》い気持ちで、とぼとぼ家へ(2)□《む》かう。

□ 2 (3)□《きし》まで(4)□《およ》ぐ競争《きょうそう》をする。

□ 3 二(5)□《かい》から校(6)□《てい》を見わたす。

□ 4 弟の顔色が(7)□《わる》いので心(8)□《ぱい》だ。

□ 5 あの町には(9)□《ゆう》名なお(10)□《まつ》りがある。

□ 6 かまに石(11)□《たん》を(12)□《な》げ入れる。

□ 7 (13)□《ゆび》を折《お》って父の帰りを(14)□《ま》つ。

□ 8 (15)□《さむ》い日は、朝(16)□《お》きるのがつらい。

□ 9 大きな(17)□《もの》をかかえてバスに(18)□《の》る。

□ 10 (19)□《どう》話の(20)□《とう》場人物について話し合う。

18 漢字の書き 8

◆つぎの□の中に漢字を書きなさい。

□ 1 ぼくが1□《たす》けるから、2□《あん》心してほしい。

□ 2 3□《はたけ》に植えたいちごが4□《み》をつけた。

□ 3 5□《くる》しい日々の思い出を6□《きゃく》に話す。

□ 4 手7□《ちょう》にえん8□《ぴつ》で書く。

□ 5 駅の近くに新しい9□《びょう》10□《いん》ができる。

□ 6 家11□《ぞく》でケーキを平12□《どう》に分ける。

□ 7 13□《し》14□《ごと》はあと二時間ほどで終わる。

□ 8 15□《か》つときもあれば、16□《ま》けるときもある。

□ 9 17□《なが》れるあせをふき、前の人を18□《お》う。

□ 10 グループごとに意見を19□《はっ》20□《ぴょう》する。

出るじゅんランク A

合かく 16 / 20

とく点

19

書きじゅん 1

出るじゅんランクA

合かく 16／20

とく点

◆つぎの漢字の太いところは、何番めに書きますか。○の中に数字を書きなさい。

1 童……○
2 局……○
3 重……○
4 屋……○
5 氷……○
6 曲……○
7 緑……○
8 炭……○
9 昭……○
10 員……○

11 漢……○
12 路……○
13 服……○
14 港……○
15 旅……○
16 係……○
17 飲……○
18 神……○
19 守……○
20 所……○

20 書きじゅん 2

出るじゅんランク A

合かく 16/20

とく点

◆つぎの漢字の太いところは、何番めに書きますか。○の中に数字を書きなさい。

1 央

2 岸

3 第

4 追

5 寒

6 予

7 根

8 動

9 薬

10 期

11 業

12 県

13 詩

14 駅

15 勉

16 銀

17 起

18 面

19 湯

20 都

21

対《たい》義《ぎ》語《ご》 1

出るじゅんランク A

合かく 16 / 20

とく点

◆（　）の中に漢字を書いて、上とはんたいのいみのことばにしなさい。

□ 1 長い―（　）《みじか》い

□ 2 勝つ―（　）《ま》ける

□ 3 終わる―（　）《はじ》まる

□ 4 近い―（　）《とお》い

□ 5 配る―（　）《あつ》める

□ 6 さん成《せい》―反（　）《たい》

□ 7 不《ふ》幸―幸（　）《ふく》

□ 8 直線―（　）《きょく》線

□ 9 うれしい―（　）《かな》しい

□ 10 たて―（　）《よこ》

□ 11 暑い―（　）《さむ》い

□ 12 生まれる―（　）《し》ぬ

□ 13 自分―（　）《あい》手

□ 14 心配―（　）《あん》心

□ 15 にげる―（　）《お》う

□ 16 もやす―（　）《け》す

□ 17 明るい―（　）《くら》い

□ 18 全体―（　）《ぶ》分

□ 19 投げる―（　）《う》ける

□ 20 とじる―（　）《ひら》く

22 同じ部首の漢字 1

出るじゅんランクA

合かく 16/20

とく点

◆おなじなかまの漢字を□の中に書きなさい。

□ 1 しんにょう しんにゅう（辶）…1 □《ゆう》園地・2 □《へん》送

□ 2 きへん（木）…つり3 □《ばし》・4 □《よう》式

□ 3 さんずい（氵）…5 □《よう》服・水6 □《えい》

□ 4 こころ（心）…7 □《かん》想・ため8 □《いき》

□ 5 くるまへん（車）…回9 □《てん》・10 □《かる》い

□ 6 てへん（扌）…親11 □《ゆび》・12 □《な》げる

□ 7 かねへん（金）…13 □《てつ》ぼう・14 □《ぎん》行

□ 8 ちから（力）…活15 □《どう》・16 □《たす》ける

□ 9 のぶん ぼくづくり（攵）…17 □《せい》列・18 □《ほう》る

□ 10 くさかんむり（艹）…19 □《に》物・20 □《くすり》屋

23 同じ部首の漢字 2

出るじゅんランクA

合かく 16/20

とく点

◆おなじなかまの漢字を□の中に書きなさい。

□ 1 うかんむり（宀）…1□《やど》屋・2□《きゃく》船

□ 2 さんずい（氵）…3□《なが》れる・4□《おん》水

□ 3 きへん（木）…電5□《ちゅう》・球6□《こん》

□ 4 しんにょう しんにゅう（辶）…7□《そく》度・8□《すす》む

□ 5 にんべん（亻）…9□《し》事・関《かん》10□《けい》

□ 6 はつがしら（癶）…出11□《ぱつ》・12□《のぼ》る

□ 7 てへん（扌）…13□《ひろ》う・14□《も》つ

□ 8 くさかんむり（艹）…15□《は》書《がき》・16□《くる》しい

□ 9 しょくへん（飠）…17□《いん》食・小さな18□《やかた》

□ 10 しめすへん（礻）…19□《じん》社・お20□《れい》

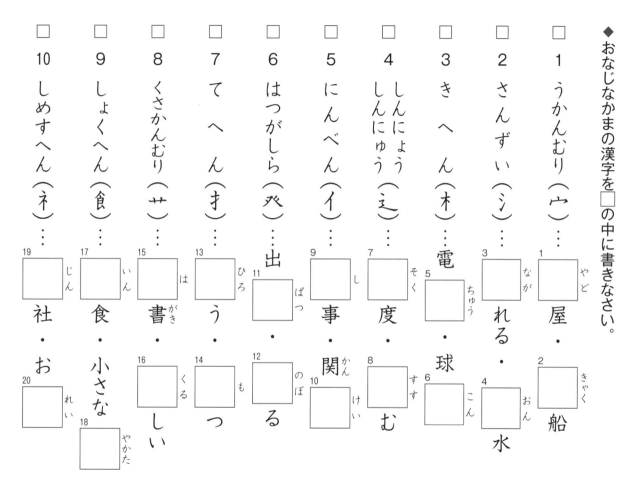

24 同じ読みの漢字 1

出るじゅんランク A

合かく 8/10

とく点

◆つぎの（　）の中に漢字を書きなさい。

□ 1 近所にパン屋が（　）《かい》店した。

□ 2 屋上まで（　）《かい》だんで登る。

□ 3 世（　）《かい》中を旅したい。

□ 4 旅先で（　）《しゃ》生する。

□ 5 ぼくの父は学（　）《しゃ》だ。

□ 6 今日はとても（　）《ちょう》子がよい。

□ 7 新しい手（　）《ちょう》を買う。

□ 8 豆ふを一（　）《ちょう》使った料《りょう》理。

□ 9 このマンションの（　）《じゅう》人に会う。

□ 10 毎日、父は体（　）《じゅう》をはかる。

25

同じ読みの漢字 2

出るじゅんランクA

合かく 8/10

とく点

◆つぎの（　）の中に漢字を書きなさい。

□ 1 自分の（　）《い》見をはっきり言う。

□ 2 三学期の学級（　）《い》員を決める。

□ 3 大学で（　）《い》学を学ぶ。

□ 4 友だちに（　）《しん》実を話す。

□ 5 ずいぶん（　）《しん》長がのびた。

□ 6 （　）《しん》海に広がる世界。

□ 7 ジャケットに校（　）《しょう》をつける。

□ 8 （　）《しょう》化のよい食べ物を食べる。

□ 9 次はいよいよ決（　）《しょう》戦《せん》だ。

□ 10 店のたなに（　）《しょう》品をならべる。

26 同じ読みの漢字 3

出るじゅん ランク A

合かく 8/10

とく点

◆つぎの（　）の中に漢字を書きなさい。

□ 1 幸（　）《ふく》な日々をすごす。

□ 2 正月に和（　）《ふく》を着る。

□ 3 このバスの（　）《しゅう》点まで乗る。

□ 4 一日の学（　）《しゅう》時間は二時間だ。

□ 5 本（　）《しゅう》と四国を橋でつなぐ。

□ 6 町内の（　）《しゅう》会に出る。

□ 7 有名な（　）《し》人の作品を味わう。

□ 8 （　）《し》者に花をたむける。

□ 9 先生に（　）《し》名されて発言する。

□ 10 明日、（　）《し》発電車で旅に出る。

27 漢字と送りがな 1

出るじゅんランクA

合かく 11/14

とく点

◆つぎの――線のカタカナを〇の中の漢字とおくりがな（ひらがな）で□の中に書きなさい。

〈れい〉 (大) オオキイ花がさく。 大きい

1 (受) 友だちから相談を**ウケル**。

2 (植) 庭に大きな木を**ウエル**。

3 (落) 電車の速さが**オチル**。

4 (動) 体を左右に**ウゴカス**。

5 (写) 黒板をノートに**ウツス**。

6 (転) **コロガル**ボールを追いかける。

7 (決) 行くかどうかを**キメル**。

8 (美) 花だんにさく花が**ウツクシイ**。

9 (短) **ミジカイ**えん筆をけずる。

10 (全) **マッタク**元気がない。

11 (定) 新しいきまりを**サダメル**。

12 (曲) はりがねを**マゲル**。

13 (整) つくえをきれいに**トトノエル**。

14 (負) 五十メートル走で**マケル**。

28 漢字と送りがな 2

出るじゅん ランクA

合かく 11/14

とく点

◆つぎの――線のカタカナを○の中の漢字とおくりがな(ひらがな)で□の中に書きなさい。

〈れい〉 大 オオキイ花がさく。 大きい

1 安 この店はくだものがヤスイ。

2 開 外を見ようとまどをヒラク。

3 表 喜《よろこ》びを顔にアラワス。

4 等 ぼうの長さはヒトシイ。

5 幸 サイワイなことに間に合った。

6 投 ボールを遠くへナゲル。

7 起 毎朝、六時にオキル。

8 育 家の庭で花をソダテル。

9 助 けがをした人をタスケル。

10 注 コップにジュースをソソグ。

11 悲 カナシイ気持ちになる。

12 係 ぼくのしょう来にカカル話だ。

13 拾 ゆかのごみをヒロウ。

14 使 たまったポイントをツカウ。

29 音読みと訓《くん》読み 1

出るじゅんランク A

合かく 10／12

とく点

◆つぎの——線の漢字の読みがなを——線の右に書きなさい。

1 何度も練習して漢字を暗記する。

2 外はすっかり暗くなってしまった。

3 博《はく》物館できょうりゅうの化石を見る。

4 きつねが化けたと言われている石。

5 校庭の花だんに花を植える。

6 庭にかわいいねこがいるのを見つけた。

7 やじるしの方向に進む。

8 名前をよばれて後ろを向く。

9 大きな声で返事をする。

10 帰りに図書館で本を返す。

11 体重がふえすぎないように気をつける。

12 古新聞を重ねてしばっておく。

30 音読みと訓《くん》読み 2

出るじゅんランク A

合かく 10/12

とく点

◆つぎの——線の漢字の読みがなを——線の右に書きなさい。

1 来月から水泳教室に通う。

2 魚たちが気持ちよさそうに泳ぐ。

3 犬を連《つ》れて海岸を散《さん》歩する。

4 川の岸に船をつなぐ。

5 学校までの電柱の数を数える。

6 寺には太い柱が何本も立っていた。

7 温室で花や野菜《さい》を育てる。

8 先生から心の温まる話を聞いた。

9 橋の工事に着手する。

10 おばさんからの手紙が着く。

11 旅行に出る人たちが乗船する。

12 駅前からタクシーに乗る。

31 音読みと訓《くん》読み 3

出るじゅんランク A

合かく 10/12

とく点

◆つぎの——線の漢字の読みがなを——線の右に書きなさい。

1 これは根気のいる仕事だ。

2 植物が大地に根をはる。

3 鉄橋の工事はもうすぐ終わる。

4 昔、この橋は木でできていた。

5 デパートの屋上で遊ぶ。

6 友だちはとてもがんばり屋だ。

7 あの人は、ふるまいが上品だ。

8 おいわいの品物をおくる。

9 タンカーで原油を運ぶ。

10 オリーブの実から油をとる。

11 ぼくは二学期に転校してきた。

12 しばふの上に転がる。

32 漢字の読み 11

ランクB

出るじゅんランクB

合かく 10/12

とく点

◆つぎの――線の漢字の読みがなを――線の右に書きなさい。

□ 1 ケーキを食べて、お茶を飲む。

□ 2 いよいよこのトンネルが開通する。

□ 3 指の先まできれいに手をあらう。

□ 4 東の空から太陽がのぼってくる。

□ 5 なみだがほおを伝《つた》って落ちる。

□ 6 すて犬の命を救《すく》いたい。

□ 7 運動会の日の天気が心配だ。

□ 8 有名な住たく地に家を買う。

□ 9 クラスの代表として出席《せき》する。

□ 10 みんなで考えを出し合って決める。

□ 11 車は急に止まれないので気をつける。

□ 12 電話の受話器《き》をさがす。

33 漢字の読み 12

出るじゅんランクB

合かく 10/12

とく点

◆つぎの——線の漢字の読みがなを——線の右に書きなさい。

□ 1 二列にならんで運動場を行進する。

□ 2 友だちに次いでこの本をかりる。

□ 3 テレビ局の見学が楽しみだ。

□ 4 日本酒の入ったびんを見つける。

□ 5 二時間もやりつづけるのは苦しい。

□ 6 友だちに暑中見まいを出す。

□ 7 弟が息を切らせて走ってきた。

□ 8 父の車で友だちを駅まで送る。

□ 9 深い海の底《そこ》にすむ魚を調べる。

□ 10 きれいな千代紙でおりづるを作る。

□ 11 神様に成功《せいこう》をおいのりする。

□ 12 テストがあるので、地図の記号を覚《おぼ》える。

34 漢字の読み 13

出るじゅんランクB

合かく 10/12

とく点

◆つぎの――線の漢字の読みがなを――線の右に書きなさい。

□ 1 長い坂道をとぼとぼ歩く。

□ 2 車の来ない安全なところで遊ぶ。

□ 3 今年も庭の梅《うめ》の木に花がさいた。

□ 4 このかんづめのパンは三年も持つ。

□ 5 この文では主語が省《はぶ》かれている。

□ 6 追かで料《りょう》理を注文する。

□ 7 地球の歴史《れきし》についての本を読む。

□ 8 昔は、石炭をもやすストーブがあった。

□ 9 病におかされないように気をつける。

□ 10 勝つことを目指して練習してきた。

□ 11 急いでバスに乗車する。

□ 12 トラックで大きな魚を運ぶ。

35 漢字の読み 14

出るじゅんランクB

合かく 10/12

とく点

◆つぎの――線の漢字の読みがなを――線の右に書きなさい。

□ 1 きせきが起こることをねがう。

□ 2 おじいさんとせん湯へ行く。

□ 3 十二色の色えん筆を使って絵をかく。

□ 4 頭がいたいので、薬を飲む。

□ 5 今日はいつもより早く登校する。

□ 6 夕方まで友だちと外で遊ぶ。

□ 7 つり上げた魚を海に放す。

□ 8 この町は緑地が多いことで有名だ。

□ 9 秋に売り出された商品を買う。

□ 10 大きな風車がゆっくりと回転している。

□ 11 ひざをすりむいて、少し出血した。

□ 12 遠くのほうを向いて話をする。

36 漢字の読み 15

出るじゅんランクB

合かく 10/12

とく点

◆つぎの――線の漢字の読みがなを――線の右に書きなさい。

□ 1 畑できゅうりやトマトを作る。

□ 2 パリで宮でんを見学する。

□ 3 来年は委員長になりたい。

□ 4 駅前の時計台のところに集合する。

□ 5 このお茶はとても風味がよい。

□ 6 銀色に光る羽を持つチョウがいる。

□ 7 大きく元気な声で返事をする。

□ 8 川の岸をまっすぐに歩く。

□ 9 他人の言うことにまどわされるな。

□ 10 大雨のときの川の流れは速い。

□ 11 ここは大昔は海の底《そこ》だったそうだ。

□ 12 か去にさかのぼってさがしてもらう。

37 漢字の読み 16

出るじゅんランク B

合かく 10/12

とく点

◆つぎの――線の漢字の読みがなを――線の右に書きなさい。

□ 1 コップにつめたい水を注ぐ。

□ 2 みんなの都合を聞いてまわる。

□ 3 今日は体の調子がよくない。

□ 4 バスに乗って図書館へ行く。

□ 5 時計のはりが七時を指す。

□ 6 電車が音を立てて鉄橋をわたる。

□ 7 大会には投手として出場する。

□ 8 役になりきってえんぎをする。

□ 9 ふるさとの山を見て詩を作った。

□ 10 いくらになるか暗算で計算する。

□ 11 朝早くから作業を始める。

□ 12 石油は大切なエネルギーの一つだ。

38 漢字の読み 17

出るじゅん ランク B

合かく 10／12

とく点

◆つぎの——線の漢字の読みがなを——線の右に書きなさい。

□ 1 この町も外国からの客がふえた。

□ 2 県道をまっすぐ行くと市役所がある。

□ 3 よい時期が来たら、真相を話そう。

□ 4 子ども服の売り場は四階だ。

□ 5 父が植木の手入れをしている。

□ 6 わたしはこの町の一丁目に住んでいる。

□ 7 秋祭りで、神社はとてもにぎやかだ。

□ 8 バケツリレーで消火をてつだう。

□ 9 校庭でダンスの練習をする。

□ 10 あの角を左に曲がるとケーキ屋がある。

□ 11 暑いのに平気な顔をしている。

□ 12 遠くから船の汽笛が聞こえる。

39 漢字の読み 18

出るじゅんランク B

合かく 10／12

とく点

◆つぎの――線の漢字の読みがなを――線の右に書きなさい。

1 夏になり、皮ふが黒くなった。

2 わたり鳥は長い旅をしている。

3 母が、夕食を用意してくれた。

4 わたしの父は昭和生まれだ。

5 小さいころから海で水泳をしていた。

6 強い相手に勝負をいどむ。

7 ホワイトボードに落書きをする。

8 もうしばらく歯科に通うことになった。

9 寒いのであたたかいコートを着る。

10 室内の温度を一定にたもつ。

11 花火を見るのによい場所を取る。

12 わたしたちの学校の由来が書かれた本。

40 漢字の書き 9

◆つぎの□の中に漢字を書きなさい。

□ 1 [1]□《つぎ》は[2]□《ふで》を用いて絵をかく。

□ 2 男の人が[3]□《ぎん》行の前から[4]□《さ》っていった。

□ 3 [5]□《き》立していない[6]□《もの》をしかる。

□ 4 [7]□《たん》時間で[8]□《けい》食を食べる。

□ 5 父のたがやした田[9]□《はた》で大[10]□《こん》を作る。

□ 6 無《む》人[11]□《とう》で石[12]□《ゆ》が見つかったそうだ。

□ 7 心から[13]□《こう》[14]□《ふく》になりたいとねがう。

□ 8 学校の[15]□《おく》上で[16]□《たい》機《き》する。

□ 9 [17]□《いた》の[18]□《ま》ん中にあなを空ける。

□ 10 自転車に[19]□《ひと》しい[20]□《そく》度で走るラジコン。

出るじゅんランク B

合かく 16 / 20

とく点

41 漢字の書き 10

◆つぎの□の中に漢字を書きなさい。

出るじゅん ランク B

合かく 16／20

とく点

□ 1 山口（1）□《くん》と同じ（2）□《かかり》になる。

□ 2 ゆうびん（3）□《きょく》がる（4）□《す》にならないようにする。

□ 3 （5）□《たび》先で（6）□《いん》食店に入る。

□ 4 ホームランを（7）□《う》つ（8）□《じつ》力のある人だ。

□ 5 み力ある（9）□《と》市づくりを（10）□《すす》める。

□ 6 川が上（11）□《りゅう》から魚に栄養《えいよう》分を（12）□《はこ》ぶ。

□ 7 体（13）□《じゅう》をはかって（14）□《ふか》いため息をつく。

□ 8 作（15）□《ぎょう》中にけがをして出（16）□《けつ》する。

□ 9 （17）□《ごう》令《れい》を聞き、川の（18）□《ぬし》がすがたを見せた。

□ 10 （19）□《しん》長があまりのびていなくて（20）□《かな》しい。

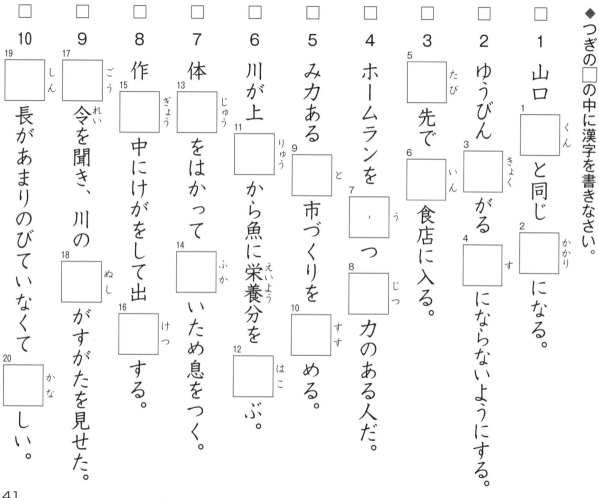

42 漢字の書き 11

出るじゅんランク B

合かく 16 / 20

とく点

◆つぎの□の中に漢字を書きなさい。

□ 1 有名な 1□《とう》手に、しつ 2□《もん》をする。

□ 2 家のおふろにたくさんの 3□《ゆ》を 4□《そそ》ぐ。

□ 3 本屋で一さつの 5□《し》 6□《しゅう》を買った。

□ 4 7□《きゅう》中でめずらしい食材《ざい》が 8□《つか》われる。

□ 5 9□《まめ》を買いに車に 10□《の》ってスーパーへ行く。

□ 6 たてかける 11□《よこ》で 12□《しき》を作る。

□ 7 金魚が 13□《し》なないかい方を 14□《なら》う。

□ 8 15□《さい》日にみんなでごみ 16□《ひろ》いをする。

□ 9 九九を 17□《あん》記しておくと 18□《やく》に立つ。

□ 10 アンテナが 19□《ま》がりラジオを 20□《じゅ》信《しん》できない。

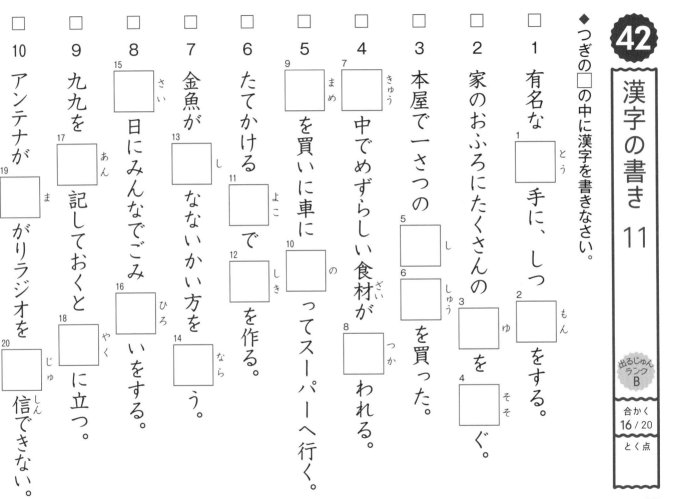

43 漢字の書き 12

◆つぎの□の中に漢字を書きなさい。

□ 1 □[1]《てっ》□[2]《きょう》を歩いてわたる。

□ 2 父は□[3]《しょう》□[4]《わ》五十年生まれだ。

□ 3 □[5]《のう》園が大きなマンションへと□[6]《ば》ける。

□ 4 □[7]《たい》らなゆかで大きくむねを□[8]《そ》らす。

□ 5 □[9]《いそ》げば一時間で□[10]《お》わる。

□ 6 この地に来る□[11]《きゃく》が五□[12]《ばい》にふえた。

□ 7 文□[13]《しょう》の内ようを、かんたんに□[14]《もう》し上げる。

□ 8 ぼくたち三人で給食□[15]《い》□[16]《いん》をつとめる。

□ 9 □[17]《た》人のかいた絵をそっくりにかき□[18]《うつ》す。

□ 10 多くの人の考えを聞いて□[19]《けっ》□[20]《てい》する。

出るじゅんランクB

合かく 16/20

とく点

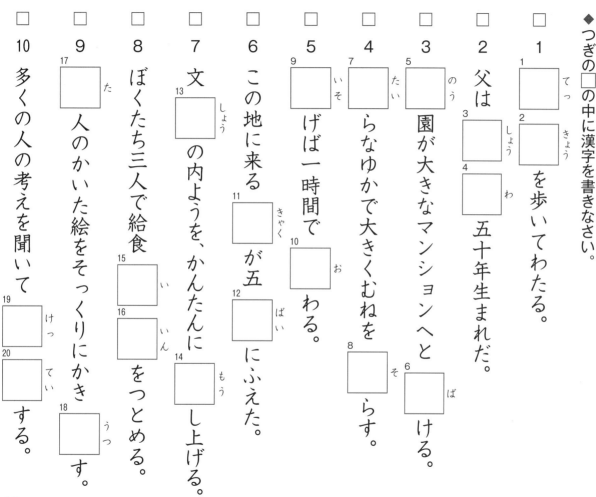

44 漢字の書き 13

出るじゅん ランク B

合かく 16/20

とく点

◆つぎの□の中に漢字を書きなさい。

□ 1 ていねいな字で 1□《じゅう》 2□《しょ》を書く。

□ 2 3□《し》科の入り口に 4□《あぶら》絵をかざる。

□ 3 学校と反 5□《たい》の方 6□《こう》に行ってみよう。

□ 4 勝 7□《ぶ》事には 8□《ぜん》力でのぞむ。

□ 5 学級文 9□《こ》の本は自 10□《ゆう》にかりられる。

□ 6 11□《あい》手チームの人たちが 12□《き》立している。

□ 7 ぼくは 13□《あつ》い夏は 14□《にが》手だ。

□ 8 今夜の 15□《やど》が見えてきて 16□《はな》歌を歌う。

□ 9 話し合いでクラスの 17□《だい》 18□《ひょう》をえらぶ。

□ 10 水をかけて 19□《すみ》の火を 20□《け》す。

45 漢字の書き 14

出るじゅんランクB

合かく 16 / 20

とく点

◆つぎの□の中に漢字を書きなさい。

□ 1 気[1]□《おん》が低《ひく》く、[2]□《じ》きゅう走日和《びより》だ。

□ 2 京の[3]□《みやこ》で[4]□《かみ》様にまいった人の話を聞く。

□ 3 [5]□《きょ》年の夏は、山[6]□《のぼ》りをした。

□ 4 き[7]□《ちょう》品を[8]□《せい》理しておく。

□ 5 [9]□《じ》回は空[10]□《こう》で飛《ひ》行機《き》を見よう。

□ 6 きれいな[11]□《こ》水に入り、水[12]□《えい》をする。

□ 7 わたしは[13]□《おも》に[14]□《りょく》茶を飲みます。

□ 8 十時に[15]□《ゆう》園地に[16]□《つ》くように出かける。

□ 9 新しい[17]□《いのち》が[18]□《しあわ》せに生きるのをねがう。

□ 10 [19]□《しょく》林の仕事のほ[20]□《じょ》をする。

46

書きじゅん 3

出るじゅん ランク B

合かく 16/20

とく点

◆つぎの漢字の太いところは、何番めに書きますか。○の中に数字を書きなさい。

1 幸 …… ○
2 帳 …… ○
3 庫 …… ○
4 整 …… ○
5 歯 …… ○
6 助 …… ○
7 進 …… ○
8 君 …… ○
9 鼻 …… ○
10 箱 …… ○

11 住 …… ○
12 終 …… ○
13 祭 …… ○
14 筆 …… ○
15 章 …… ○
16 勉 …… ○
17 農 …… ○
18 酒 …… ○
19 寒 …… ○
20 様 …… ○

47 対《たい》義《ぎ》語《ご》 2

出るじゅん ランク B

合かく 16/20

とく点

◆（　）の中に漢字を書いて、上とはんたいのいみのことばにしなさい。

□ 1 教える―（なら）う

□ 2 よい―（わる）い

□ 3 浅《あさ》い―（ふか）い

□ 4 今―（むかし）

□ 5 のばす―（ま）げる

□ 6 たおす―（お）こす

□ 7 重い―（かる）い

□ 8 おりる―（の）る

□ 9 高い―（やす）い

□ 10 ぬぐ―（き）る

□ 11 長所―（たん）所

□ 12 楽しい―（くる）しい

□ 13 かりる―（かえ）す

□ 14 散《ち》らばる―（あつ）める

□ 15 止まる―（うご）く

□ 16 下山―（と）山

□ 17 答え―（と）い

□ 18 かた手―（りょう）手

□ 19 せめる―（まも）る

□ 20 拾う―（お）とす

48

同じ部首の漢字 3

出るじゅんランクB

合かく 16／20

とく点

◆おなじなかまの漢字を□の中に書きなさい。

□ 1 さんずい（氵）…1□《き》める・2□《しょう》火

□ 2 ちから（力）…3□《か》つ・4□《べん》強

□ 3 きへん（木）…まな5□《いた》・6□《おう》だん

□ 4 おおがい（頁）…7□《かお》色・8□《だい》名

□ 5 くち（口）…全9□《いん》・10□《しょう》品

□ 6 かばね しかばね（尸）…11□《や》根・薬12□《きょく》

□ 7 たけかんむり（⺮）…えん13□《ぴつ》・本14□《ばこ》

□ 8 こころ（心）…15□《い》味・16□《かん》想

□ 9 こざとへん（阝）…病17□《いん》・太18□《よう》

□ 10 まだれ（广）…校19□《てい》・金20□《こ》

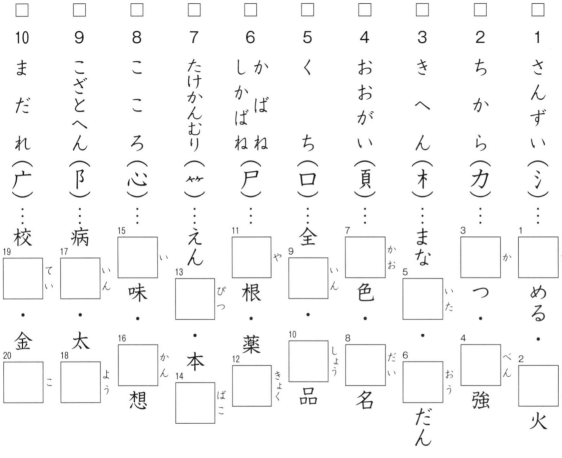

49

同じ読みの漢字 4

出るじゅんランク B

合かく 8/10

とく点

◆つぎの（　）の中に漢字を書きなさい。

□ 1 山の中の旅（　　）《かん》にとまる。

□ 2 本を読んで、（　　）《かん》動する。

□ 3 クラスの（　　）《だい》表としてがんばる。

□ 4 健康《けんこう》が（　　）《だい》一だと考える。

□ 5 電（　　）《きゅう》を取りかえる。

□ 6 学（　　）《きゅう》文庫の中からすきな本をえらぶ。

□ 7 火事の原いんを（　　）《きゅう》明する。

□ 8 一日中（　　）《ゆう》園地ですごした。

□ 9 二時から三時までは自（　　）《ゆう》時間だ。

□ 10 これは（　　）《ゆう》力な手がかりだ。

50 同じ読みの漢字 5

出るじゅんランクB

合かく 8/10

とく点

◆つぎの（　）の中に漢字を書きなさい。

□ 1 ラーメンを（　）《ちゅう》文する。

□ 2 町の中に電（　）《ちゅう》が立っている。

□ 3 公園の中（　）《おう》に時計台がある。

□ 4 たつまきで車が（　）《おう》転する。

□ 5 やっと春らしい（　）《よう》気になった。

□ 6 和食よりも（　）《よう》食のほうがすきだ。

□ 7 家の中の（　）《よう》子をうかがう。

□ 8 箱につめたりんごを発（　）《そう》する。

□ 9 おばさんに手（　）《そう》を見てもらう。

□ 10 大人になった自分を空（　）《そう》する。

51 漢字と送りがな 3

出るじゅん ランク B

合かく 11/14 とく点

◆つぎの――線のカタカナを○の中の漢字とおくりがな（ひらがな）で□の中に書きなさい。

〈れい〉（大）オオキイ花がさく。 大きい

1 （流）三年の月日がナガレル。
2 （幸）シアワセにくらしている。
3 （反）先生がむねをソラス。
4 （調）きのこの名前をシラベル。
5 （味）別《わか》れのつらさをアジワウ。
6 （守）両親との約束《やくそく》をマモル。
7 （苦）走ってきたので息がクルシイ。
8 （習）来月からピアノをナラウ。
9 （平）タイラな道がつづいている。
10 （軽）カルイ気持ちで発言する。
11 （配）宿題のプリントをクバル。
12 （宿）希望《きぼう》をむねにヤドス。
13 （温）冷《ひ》えたスープをアタタメル。
14 （化）キツネが人間にバケル。

52 漢字と送りがな 4

出るじゅんランクB

合かく 11/14

とく点

◆つぎの――線のカタカナを○の中の漢字とおくりがな（ひらがな）で□の中に書きなさい。

〈れい〉 ㊅ **オオキイ**花がさく。 大きい

1 ㊇ **マツリ**でみこしをかつぐ。 □

2 (寒) 今日は**サムイ**から、家で遊ぶ。 □

3 (深) **フカイ**海の底《そこ》にすむ魚もいる。 □

4 (実) みんなの努《ど》力が**ミノル**。 □

5 (泳) クロールで**オヨグ**。 □

6 (消) 七色のにじの橋が**キエル**。 □

7 (急) **イソグ**と、十五分で着く。 □

8 (放) つかまえた魚を海に**ハナス**。 □

9 (向) みんなの注意をよそに**ムケル**。 □

10 (進) 勉強を計画どおりに**ススメル**。 □

11 (仕) 王家に**ツカエル**。 □

12 (暗) あたりはすっかり**クライ**。 □

13 (受) むずかしいテストに**ウカル**。 □

14 (委) 運命に身を**ユダネル**。 □

53 音読みと訓《くん》読み 4

出るじゅんランク B

合かく 10/12

とく点

◆つぎの――線の漢字の読みがなを――線の右に書きなさい。

1 風速二十メートルの風がふく。

2 いつもやっている人は作業が速い。

3 近くの川にサケの子を放流する。

4 しっかりとつないでいた手を放す。

5 画板の上に画用紙をのせて写生する。

6 まな板の上で肉や野菜《さい》を切る。

7 ノートと消しゴムの代金をしはらう。

8 兄の代わりに弟が行くことになった。

9 無《む》理なことを言う父に反発する。

10 体を思いきり後ろに反らす。

11 遠くから汽笛の音が聞こえてくる。

12 音楽会のために笛の練習をする。

54 音読みと訓《くん》読み 5

出るじゅんランクB

合かく 10/12

とく点

◆つぎの――線の漢字の読みがなを――線の右に書きなさい。

1 外国にも同様の昔話がある。

2 花びらの散《ち》る様を見ている。

3 世界をめぐる旅行がしてみたい。

4 一週間の予定で旅に出る。

5 休日に、のんびりと名曲を聞く。

6 次の四つ角を右に曲がると学校がある。

7 神社で幸運のお守りを買った。

8 バケツで川から水を運ぶ。

9 決めたことをすぐに実行する。

10 かきの実がだんだん赤くなってくる。

11 わたしの短所はそそっかしいところだ。

12 冬は昼間が短いので夏より早く帰る。

実力完《かん》成《せい》テスト 1

時間 40分

合かく 120/150

とく点

(一) つぎの——線の**漢字の読みがな**を——線の**右**に書きなさい。 (30) 1×30

1 弟は童話がすきだ。

2 今日はとても暑い日だ。

3 ぼくの家は農家だ。

4 ピアノの美しい音色。

5 都会にあこがれる。

6 国語の勉強をする。

7 友だちの書いた文章を読む。

8 だれもいない島がある。

9 ノートを箱にしまう。

10 去年は雪がふらなかった。

11 父は空港へと出かける。

12 妹はそうじ係になった。

13 放送室に入る。

14 ぼくは九州生まれだ。

15 みかんの皮をむいて食べる。

16 ケーキを皿にのせる。

17 長さが等しいロープ。

18 病院の前を通る。

19 おかの中央に木を植える。

20 明日は朝七時に起きる。

21 川に石ころを投げる。

22 本を読んだ感想を聞く。

23 夜が近いので家へと急ぐ。

24 話し相手が見つかる。

25 おなかの具合が悪い。

26 車庫に車をとめる。

27 母とお宮にまいる。

28 大きな波がやってくる。

29 みんなで笛をふく。

30 大すきな曲をきく。

(二) つぎの**漢字**の**太いところ**は、**何番め**に書きますか。◯の中に**数字**を書きなさい。 (10) 1×10

童 …… 1 ◯

都 …… 2 ◯

起 …… 3 ◯

詩 …… 4 ◯

央 …… 5 ◯

岸 …… 6 ◯

昭 …… 7 ◯

所 …… 8 ◯

係 …… 9 ◯

第 …… 10 ◯

(三) （　）の中に**漢字**を書いて、上と**はんたいのいみのことば**にしなさい。 (10) 2×5

下山 —— 1（　《と》　）山

長い —— 2（　《みじか》　）い

全体 —— 3（　《ぶ》　）分

心配——4（　）《あん》心

終わる——5（　）《はじ》まる

四 **おなじなかまの漢字**を□の中に書きなさい。 (20) 2×10

くさかんむり（艹）…木の1□《は》・2□《にが》い

ぎょうにんべん（彳）…主3□《やく》・4□《ま》つ

さんずい（氵）…5□《なが》れる・6□《みずうみ》

てへん（扌）…7□《ひろ》う・8□《も》つ

きへん（木）…つり9□《ばし》・10□《よこ》向き

五 つぎの（　）の中に**漢字**を書きなさい。 (20) 2×10

学級1（　）《い》員になる。
かかりつけの2（　）《い》者。

3（　）《かい》段《だん》にすわる。
世4（　）《かい》地図を見て遊ぶ。

ボールペンを5（　）《し》用する。
父の6（　）《し》事は教師《し》だ。

体7（　）《じゅう》をはかる。
マンションの8（　）《じゅう》人。

9（　）《きゅう》でんを見学する。
10（　）《きゅう》ぎ大会に出場する。

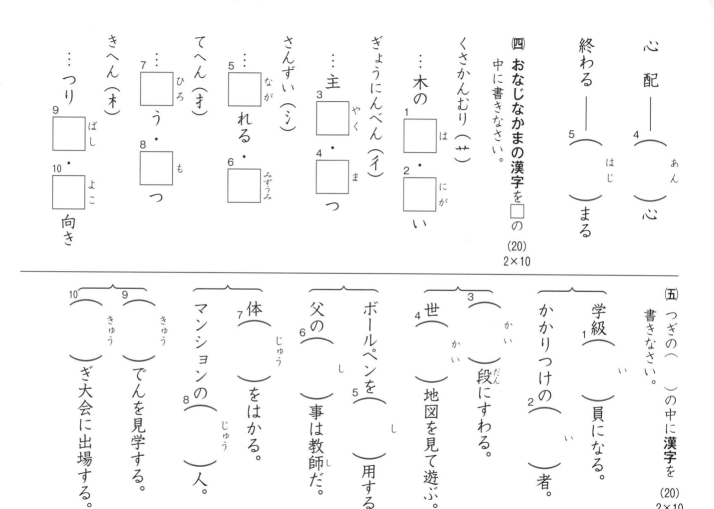

㈥ つぎの——線の**カタカナ**を○の中の**漢字**と**おくりがな（ひらがな）**で□の中に書きなさい。 (10) 2×5

〈れい〉㊇ **オオキイ**花がさく。 大きい

1 ㊁温 **アタタカイ**スープ。 □

2 助 こまっている人を**タスケル**。 □

3 注 じょうろで水を**ソソグ**。 □

4 受 ボールを手で**ウケル**。 □

5 暗 **クライ**夜道を歩く。 □

㈦ つぎの——線の**漢字**の**読み**がなを——線の**右**に書きなさい。 (10) 1×10

料《りょう》理を[1]上品に食べる。
お店の[2]品物を売る。

よんでも[3]返事がない。
図書館に本を[4]返す。

ぼくは[5]水泳がすきだ。
毎日一時間[6]泳ぐ。

新しい[7]化石を発見する。
きつねが人間に[8]化ける。

[9]海岸でキャンプをする。
[10]川岸にそって歩く。

(八) つぎの□の中に**漢字**を書きなさい。 (40) 2×20

1 今日はとても 1□《さむ》 いので、はく 2□《いき》 が白い。

2 3□《ゆう》 名なお 4□《まつ》 りを見に行こう。

3 つくえの上にある手 5□《ちょう》 を 6□《と》 る。

4 ぼくの家の 7□《にわ》 には、小さな 8□《はたけ》 がある。

5 ボールの 9□《ひょう》 10□《めん》 をきれいにみがく。

6 当番が休み時間に黒 11□《ばん》 を 12□《け》 す。

7 公園でみんなと自 13□《てん》 車に 14□《の》 る。

8 家 15□《ぞく》 と 16□《りょ》 行に行く計画を立てる。

9 17□《や》 18□《ね》 の上でねこがあくびをしている。

10 ぼくは、みんなの意見には 19□《はん》 20□《たい》 だ。

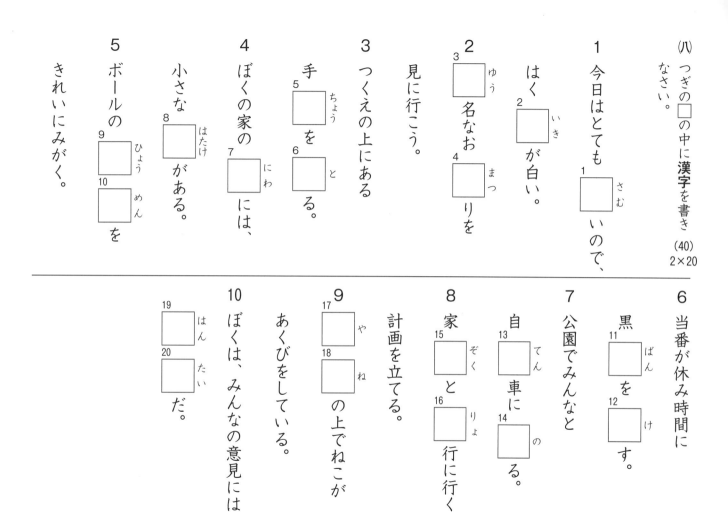

実力完成《かんせい》テスト 2

時間 40分
合かく 120/150
とく点

㈠ つぎの——線の**漢字**の**読みがな**を——線の**右**に書きなさい。 (30) 1×30

1 道路を広げる。
2 テストを受ける。
3 友だちに相談する。
4 悪の道には入らない。
5 「空」という題の詩を読む。
6 軽い気持ちで話す。
7 こちらの荷物は重い。
8 未来《み》へのとびらを開く。
9 父がけん血に出かける。
10 銀行にお金をあずける。

11 母は青森県で生まれた。
12 みんなにおかしを配る。
13 漁《ぎょ》船が港に帰ってくる。
14 けが人を助ける。
15 出席《せき》番号をよぶ。
16 起立して先生に礼をする。
17 コップに湯を注ぐ。
18 ありがえさを運ぶ。
19 店の前に行列ができる。
20 地名の読み方を調べる。

21 かん単《たん》な作業をする。

22 流れにさからって泳ぐ。

23 木の葉の化石が見つかる。

24 手帳に友人の住所を書く。

25 ハンバーグを注文する。

26 地面にあなをほる。

27 羊とやぎの絵をかく。

28 負けた理由を考える。

29 海に近い町に住む。

30 悲しいお話を読む。

㈡ つぎの**漢字**の**太いところ**は、**何番め**に書きますか。○の中に**数字**を書きなさい。 (10) 1×10

神 …… 1 ○

動 …… 2 ○

緑 …… 3 ○

寒 …… 4 ○

面 …… 5 ○

氷 …… 6 ○

横 …… 7 ○

局 …… 8 ○

期 …… 9 ○

駅 …… 10 ○

㈢ （　）の中に**漢字**を書いて、上と**はんたいのいみのことば**にしなさい。 (10) 2×5

にげる ―― 1 （　）《お》う

近い ―― 2 （　）《とお》い

直線 ―― 3 （　）《きょく》線

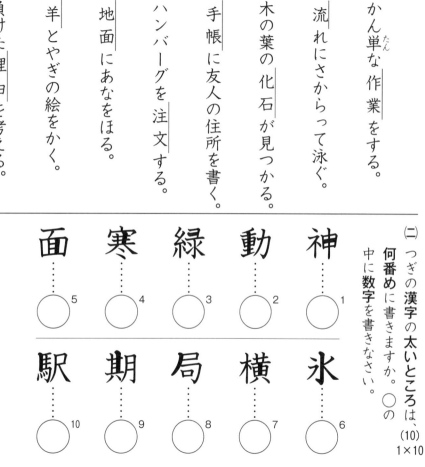

生まれる――4（　）《し》ぬ

さん成《せい》――反5（　）《たい》

四 おなじなかまの漢字を□の中に書きなさい。(20) 2×10

しんにょう
しんにゅう（辶）…時1□《そく》・2□《すす》む

まだれ（广）…家3□《てい》・車4□《こ》

うかんむり（宀）…5□《あん》全・6□《まも》る

きへん（木）…電7□《ちゅう》・8□《こん》本

はつがしら（癶）…9□《はっ》車・10□《のぼ》る

五 つぎの（　）の中に漢字を書きなさい。(20) 2×10

次の駅が1（　）《しゅう》点だ。
全校2（　）《しゅう》会が始まる。

3（　）《しん》長をはかる。
弟の写4（　）《しん》をとる。

5（　）《しょう》火器《き》を使う。
ぼうしに校6（　）《しょう》をつける。

幸7（　）《ふく》になりたい。
母は和8（　）《ふく》がにあう。

電車で9（　）《ゆう》園地へ行く。
10（　）《ゆう》力なライバル。

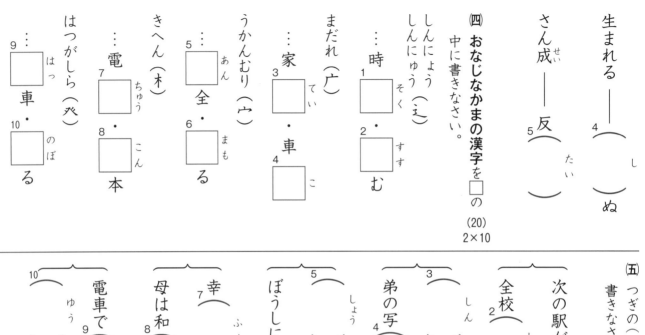

㈥ つぎの――線のカタカナを○の中の漢字とおくりがな(ひらがな)で□の中に書きなさい。 (10) 2×5

〈れい〉 ㊅ オオキイ花がさく。 大きい

1 ㊍決 今週の目標《ひょう》をキメル。

2 ㊍整 列をトトノエル。

3 ㊍重 書類《るい》をカサネル。

4 ㊍落 木の実がオチル。

5 ㊍等 大きさがヒトシイ。

㈦ つぎの――線の漢字の読みがなを――線の右に書きなさい。 (10) 1×10

成《せい》せきが1向上した。

音のするほうを2向く。

3歩道橋を歩いてわたる。

古い4橋を新しくする。

使った金がくを5暗算する。

夜明け前で、外はまだ6暗い。

頭の7回転がはやい。

ボールが8転がる。

順《じゅん》じょよく9乗車する。

バスに10乗ると十分で着く。

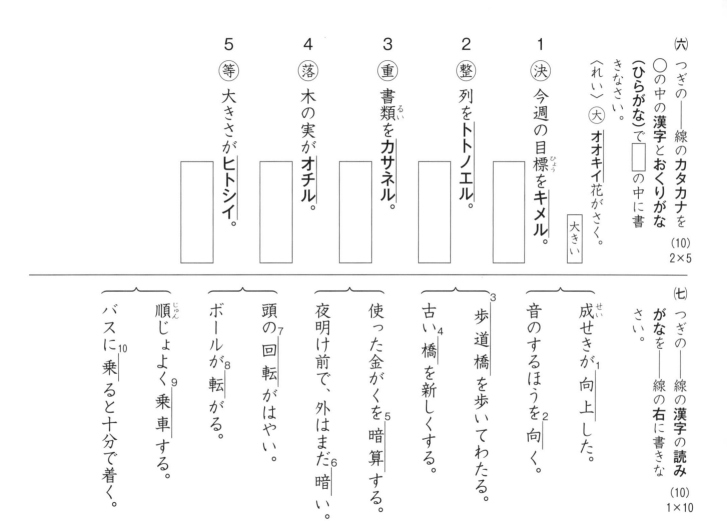

(八) つぎの□の中に**漢字**を書きなさい。 (40) 2×20

1 あちらに見える 1□《しま》に 木を 2□《う》える。

2 水曜日は歯 3□《い》 4□《しゃ》に 行くつもりだ。

3 体 5□《いく》の中では、ぼくはとび 6□《ばこ》が苦手だ。

4 校内 7□《ほう》 8□《そう》で、人気のあるコーナーがある。

5 地 9□《く》の代表として 出場したリレーで 10□《か》つ。

6 予定どおりに 11□《し》 12□《ごと》がかたづく。

7 泣《な》き出した弟の 13□《せ》話をするために二 14□《かい》へ行く。

8 15□《しゅ》役が 16□《ふえ》を ふきながらあらわれる。

9 茶わんを 17□《りょう》手で持って、お茶を 18□《の》む。

10 友だちと花を持って、19□《びょう》 20□《いん》へ お見まいに行く。

答え

（×はまちがえやすい例です）

1 漢字の読み 1

1 に
2 きょく
3 う
4 のうか　×のうぎょう
5 さむ
6 かな

注意
「ヒ」という音読みと、「かな(しい)」「かな(しむ)」という訓《くん》読《よ》みがある。

7 かわ
8 うんどうかい
9 くん
10 しんちょう
11 はな
12 みどり

注意
「リョク」という音読みと、「みどり」という訓読みがある。

2 漢字の読み 2

1 じょそう
2 でんちゅう
3 さだ
4 まめ
5 いしゃ
6 どうぐ
7 やす
8 りょう
9 はんたい

注意
「反」には「ハン」という音読みと、「そ(る)」「そ(らす)」という訓《くん》読《よ》みがある。

10 しょくぶつ

注意
「植」には「う(える)」「う(わる)」という訓読み、「ショウ」という音読みがある。

11 しま
12 れい

3 漢字の読み 3

1 ぎょうれつ
2 しゃこ
3 ととの
4 こおり　×こうり
5 そうだん
6 じゅう
7 よこ

注意
「オウ」という音読みと、「よこ」という訓《くん》読《よ》みがある。

8 ばい
9 せかい
10 どうわ

注意
「どおわ」と書かないようにする。

11 やど
12 ひと

4 漢字の読み 4

1 えき
2 はし
3 おくじょう

注意
「屋」には「オク」という音読みと、「や」という訓《くん》読《よ》みがある。

4 けんきゅう
5 くば
6 しごと
7 なら
8 お

注意
「お(わる)」「お(える)」という訓読みと、「シュウ」という音読みがある。

9 まつ　×まつり
10 とかい
11 くうこう
12 かぞく

5 漢字の読み5

1 およ

2 じめん ×ぢめん

3 ゆうめい

4 さぎょう ×さくぎょう

5 ひろ

6 きょねん

注意 「去」の音読みは「キョ」「コ」で、訓読《くんよ》みは「さ(る)」がある。

7 ちゅうおう

8 かせき

9 な

10 ゆだ

11 ようもう

12 しゃしん

注意 「写」の音読みは「シャ」で、訓読みは「うつ(す)」「うつ(る)」がある。

6 漢字の読み6

1 くら

2 あつ

3 かいがん ×うみべ

4 いんしょく

5 まも

6 さけ

7 だいいち

8 ひら

注意 音読みは「カイ」で、訓読《くんよ》みは「ひら(く)」「ひら(ける)」「あ(く)」「あ(ける)」がある。

9 つか

10 お

11 かかり

注意 音読みは「ケイ」で、訓読みは「かか(る)」「かかり」がある。「○○係」のときには送《おく》りがながつかない。

12 もう

7 漢字の読み7

1 ほうそう

注意 「放」の音読みは「ホウ」で、訓読《くんよ》みは「はな(す)」「はな(つ)」「はな(れる)」「ほう(る)」がある。

2 こくばん

3 そだ

注意 音読みは「イク」で、訓読みは「そだ(てる)」「そだ(つ)」「はぐく(む)」がある。

4 わる

5 きょういく

6 はこ

7 ぎんこう

8 ぶんしょう

9 ま

10 かる

11 ほか

12 ちく

8 漢字の読み8

1 とう

2 れんしゅう

3 なが

注意 音読みは「リュウ」で、訓読《くんよ》みは「なが(れる)」「なが(す)」がある。

4 みずうみ

5 ちゅうもん

注意 「注」の音読みは「チュウ」で、訓読みは「そそ(ぐ)」がある。

6 ようふく ×よおふく

7 みや

8 む

9 さら

10 しあわ

11 しき

12 くちぶえ

9 漢字の読み9

1 み
2 なみ
3 あたた

注意 「温」の音読みは「オン」で、訓読《くんよ》みは「あたた(か)」「あたた(かい)」「あたた(まる)」「あたた(める)」がある。

4 てちょう
5 さむ
6 ま

注意 音読みは「フ」で、訓読みは「ま(ける)」「ま(かす)」「お(う)」がある。

7 きゅうそく
8 つぎ
9 すみ
10 きゅうしゅう
11 きりつ
12 みじか

10 漢字の読み10

1 は
2 け
3 ち
4 こんき

注意 「根」の訓読《くんよ》みは「ね」がある。

5 は
6 しゅくだい

注意 「宿」の音読みは「シュク」で、訓読みは「やど」「やど(る)」「やど(す)」がある。

7 おう
8 よそう
9 しら
10 いそ
11 びょういん
12 ゆげ　×ゆき

11 漢字の書き1

1 商
2 央
3 屋
4 根
5 坂

注意 「板」とまちがえないようにする。

6 事
7 持
8 守
9 世
10 界
11 庭
12 美
13 深
14 発
15 豆
16 味
17 住
18 打
19 陽
20 遊

12 漢字の書き2

1 育
2 箱
3 橋
4 始
5 開
6 薬
7 返

注意 「帰す」と書かないようにする。

8 館
9 研
10 究
11 具
12 取
13 級
14 酒
15 神
16 植
17 注
18 意
19 羊
20 昔

13 漢字の書き3

1 主
2 湖
3 重
4 軽
5 平
6 和
7 氷
8 飲
9 反
10 対
11 岸
12 島

注意 「鳥」と書かないようにする。

13 相
14 談
15 表
16 面
17 様
18 礼
19 荷
20 物

14 漢字の書き4

1 族

注意 「旅」とまちがえないようにする。

2 州
3 秒
4 落
5 列
6 路
7 感
8 想
9 笛
10 勝
11 宿
12 題
13 全
14 員
15 鉄
16 集
17 港
18 波
19 駅
20 転

15 漢字の書き5

1 板
2 委
3 両
4 受
5 写
6 真
7 旅
8 決
9 球
10 調
11 練
12 習
13 丁
14 皿

注意 「血」とまちがえないようにする。

15 放
16 送
17 運
18 動
19 悲
20 期

16 漢字の書き6

1 区
2 緑
3 血
4 使
5 医

注意 「区」とまちがえないようにする。

6 者
7 世
8 係
9 洋
10 服
11 急
12 温
13 短
14 葉
15 度
16 県
17 柱
18 化
19 問
20 第

17 漢字の書き7

1 暗
2 向
3 岸
4 泳
5 階
6 庭
7 悪
8 配
9 有
10 祭
11 炭
12 投

注意 「役」とにているので気をつける。

13 指
14 待
15 寒
16 起
17 物
18 乗
19 童
20 登

18 漢字の書き8

1 助
2 安
3 畑
4 実

注意 「身」と書かないようにする。

5 苦
6 客
7 帳
8 筆
9 病
10 院
11 族
12 等
13 仕
14 事
15 勝
16 負
17 流
18 追
19 発
20 表

19 書きじゅん1

1 10
2 1
3 7

注意 「丿 二 千 后 亩 盲 亩 亩 重」と書く。

4 3
5 1
6 4
7 8
8 5
9 6
10 6
11 12
12 7
13 5
14 4
15 9
16 3
17 9
18 9
19 5
20 5

20 書きじゅん2

1 3
2 5
3 10
4 2
5 7
6 3
7 8
8 7
9 9
10 3
11 2
12 7
13 11
14 1

注意 「馬」はたてがみのたてぼうが先。

15 5
16 11
17 2
18 6
19 9
20 11

21 対義語1

1 短
2 負
3 始
4 遠
5 集

注意 「集配《しゅうはい》」という言《こと》葉《ば》を覚《おぼ》える。

6 対
7 福
8 曲
9 悲
10 横
11 寒
12 死
13 相
14 安
15 追
16 消
17 暗
18 部
19 受
20 開

22 同じ部首の漢字1

1 遊
2 返
3 橋
4 様
5 洋
6 泳
7 感
8 息
9 転
10 軽
11 指
12 投
13 鉄
14 銀
15 動
16 助
17 整

注意 「整」は「のぶん・ぼくづくり」の漢字。

18 放
19 荷
20 薬

23 同じ部首の漢字2

1 宿
2 客

注意 「写」は「わかんむり」の漢字。

3 流
4 温
5 柱
6 根
7 速
8 進
9 仕
10 係
11 発
12 登
13 拾
14 持
15 葉
16 苦
17 飲
18 館
19 神
20 礼

24 同じ読みの漢字1

1 開

注意 「かいてん」と読む熟語《じゅくご》には、「回転」もあるので、まちがえないようにする。

2 階
3 界
4 写
5 者
6 調
7 帳

注意 「ちょう」と読む漢字には、ほかに「町」「長」「重」「鳥」「朝」などがある。

8 丁
9 住
10 重

25 同じ読みの漢字2

1 意
2 委

注意 「いいん」と読む熟語《じゅくご》には、「医院」などもあるので、まちがえないようにする。

3 医
4 真
5 身
6 深
7 章
8 消

注意 「しょうか」と読む熟語には、「消火」もあるので、覚《おぼ》えておく。

9 勝
10 商

26 同じ読みの漢字3

1 福
2 服
3 終
4 習
5 州
6 集
7 詩
8 死

注意 「ししゃ」と読む熟語《じゅくご》には、「使者」などもあるので、文の意味《いみ》によって使《つか》い分ける。

9 指
10 始

注意 「し」と読む漢字には、ほかに「使」「歯」「仕」などがある。

27 漢字と送りがな1

1 受ける
2 植える
3 落ちる
4 動かす
5 写す
6 転がる
7 決める

注意 「き(める)」「き(まる)」という二つの訓読《くんよ》みがあるので、送《おく》りがなをつけまちがえないようにする。

8 美しい

注意 「○○しい」の形の言葉は、「しい」を送る。

9 短い ×短かい
10 全く
11 定める
12 曲げる
13 整える
14 負ける

28 漢字と送りがな2

1 安い
2 開く
3 表す

注意 「表わす」と送《おく》りがなをつけまちがえないようにする。

4 等しい
5 幸い
6 投げる
7 起きる
8 育てる
9 助ける
10 注ぐ
11 悲しい
12 係る

注意 「係かる」と送りがなをつけまちがえないようにする。

13 拾う
14 使う

29 音読みと訓読み1

1 あんき

注意
「暗記《あんき》」は、「書いたものを見ないでも言えるように覚《おぼ》える」という意味《いみ》。

2 くら
3 かせき
4 ば
5 こうてい
6 にわ
7 ほうこう
×ほうがく
8 む
9 へんじ
10 かえ
11 たいじゅう
12 かさ

30 音読みと訓読み2

1 すいえい
2 およ
3 かいがん
4 きし
5 でんちゅう
6 はしら
7 おんしつ
8 あたた
9 ちゃくしゅ

注意
「着手《ちゃくしゅ》」は、「仕事《しごと》などに取りかかる」という意味《いみ》。

10 つ

注意
「着」の訓読《くんよ》みは、「き(る)」「き(せる)」「つ(く)」「つ(ける)」がある。

11 じょうせん
12 の

31 音読みと訓読み3

1 こんき

注意
「根気《こんき》」は、「しんぼうして、ものごとをやりぬこうとする力」という意《い》味《み》。

2 ね
3 てっきょう
×てつばし
4 はし
5 おくじょう
6 や
7 じょうひん
8 しなもの

注意
「物」の音読みは「ブツ」「モツ」で、訓読《くんよ》みは「もの」がある。「者」にも「もの」という訓読みがある。

9 げんゆ
10 あぶら
11 てんこう
12 ころ

32 漢字の読み11

1 の
2 かいつう
3 ゆび
4 たいよう
5 お

注意
「ラク」という音読みと、「お(ちる)」「お(とす)」という訓読《くんよ》みがある。

6 いのち
7 しんぱい
8 じゅう
9 だいひょう

注意
「代」には、「ダイ」「タイ」という音読みと、「か(わる)」「か(える)」「よ」という訓読みがある。

10 き
11 きゅう
12 じゅわ

33 漢字の読み 12

1 こうしん
2 つ
3 きょく
4 しゅ
5 くる

注意 「ク」という音読みと、「くる(しい)」「くる(しむ)」「くる(しめる)」「にが(い)」「にが(る)」という訓読《くんよ》みがある。

6 しょちゅう
7 いき
8 おく
9 ふか
10 ちよがみ

注意 「代」には「ダイ」「タイ」という音読みがある。

11 かみさま
12 きごう ×ふごう

34 漢字の読み 13

1 さかみち
2 あんぜん
3 にわ
4 も ×ま
5 しゅご

注意 「主」の音読みは「シュ」で、訓《くん》読《よ》みは「ぬし」「おも」がある。

6 つい
7 ちきゅう

注意 「球」の音読みは「キュウ」で、訓読みは「たま」である。同じ訓読みの漢字に「玉」がある。

8 せきたん
9 やまい
10 か
11 じょうしゃ
12 はこ

35 漢字の読み 14

1 お
2 とう
3 ぴつ

注意 「筆」の音読みは「ヒツ」だが、熟《じゅく》語《ご》によっては「ピツ」「ヒッ」と読むことがある。訓《くん》読《よ》みは「ふで」である。

4 くすり
5 とうこう ×とこう
6 あそ
7 はな
8 りょくち
9 しょうひん
10 かいてん

注意 「転」の音読みは「テン」で、訓読みは「ころ(がる)」「ころ(げる)」「ころ(がす)」「ころ(ぶ)」がある。

11 しゅっけつ
12 む

36 漢字の読み 15

1 はたけ
2 きゅう
3 いいんちょう
4 しゅうごう

注意 「集」の音読みは「シュウ」で、訓《くん》読《よ》みは「あつ(まる)」「あつ(める)」がある。

5 ふうみ

注意 「味」の音読みは「ミ」で、訓読みは「あじ」「あじ(わう)」がある。

6 ぎんいろ
7 へんじ
8 きし
9 たにん
10 はや
11 おおむかし ×おうむかし
12 こ

37 漢字の読み 16

1 そそ
2 つごう

注意 「都」の音読みは「ト」「ツ」で、訓《くん》読《よ》みには「みやこ」がある

3 ちょうし
4 としょかん
5 さ

注意 「指」の音読みは「シ」で、訓読みには「ゆび」「さ(す)」がある。

6 てっきょう
7 とうしゅ
8 やく
9 し
10 あんざん
11 はじ
12 せきゆ

38 漢字の読み 17

1 きゃく
2 けんどう
3 じき ×とき
4 よんかい
5 うえき

注意 「植木《うえき》」の場合は、「植《う》え木」のように送《おく》りがなはつけない。

6 ちょう
7 じんじゃ

注意 「神」の音読みは「シン」「ジン」で、訓《くん》読《よ》みには「かみ」がある。

8 しょうか
9 こうてい
10 ま
11 へいき
12 きてき

39 漢字の読み 18

1 ひ
2 たび
3 ようい
4 しょうわ
5 すいえい
6 しょうぶ ×しょうはい
7 らくが

注意 「落」の音読みは「ラク」で、訓《くん》読《よ》みには「お(ちる)」「お(とす)」がある。

8 しか
9 き
10 おんど
11 ばしょ
12 ゆらい

40 漢字の書き 9

1 次
2 筆
3 銀
4 去
5 起
6 者
7 短
8 軽
9 畑
10 根
11 島
12 油
13 幸
14 福

注意 「礻」を「衤」としないように気をつける。

15 屋
16 待
17 板
18 真
19 等
20 速

答え

41 漢字の書き10

1 君
2 係
3 局
4 守
5 旅

注意 「族」とまちがえないようにする。

6 飲
7 打
8 実
9 都
10 進
11 流
12 運
13 重
14 深
15 業
16 血
17 号
18 主
19 身
20 悲

42 漢字の書き11

1 投
2 問

注意 「門」とまちがえないようにする。

3 湯
4 注
5 詩
6 集
7 宮
8 使
9 豆
10 乗
11 横
12 式
13 死
14 習
15 祭
16 拾
17 暗
18 役
19 曲
20 受

43 漢字の書き12

1 鉄
2 橋
3 昭
4 和
5 農
6 化
7 平
8 反
9 急
10 終
11 客
12 倍
13 章
14 申
15 委
16 員
17 他

注意 同じ部分《ぶぶん》のある「池」を書かない。

18 写
19 決
20 定

44 漢字の書き13

1 住
2 所
3 歯
4 油
5 対
6 向
7 負
8 全
9 庫
10 由

注意 うっかり「田」と書かない。

11 相
12 起
13 暑
14 苦
15 宿
16 鼻
17 代
18 表
19 炭
20 消

45 漢字の書き14

1 温
2 持
3 都
4 神
5 去
6 登
7 重
8 整
9 次

注意 「冫」を「氵」としないように気をつける。

10 港
11 湖
12 泳
13 主
14 緑
15 遊
16 着
17 命
18 幸
19 植
20 助

46 書きじゅん3

1 1

注意 「十」の部分《ぶぶん》は、「横→たて」の順《じゅん》。

2 4
3 9
4 4
5 8
6 6
7 4
8 2
9 9
10 13
11 5
12 4
13 6
14 12
15 10
16 6
17 7
18 7
19 6
20 10

47 対義語2

1 習
2 悪
3 深
4 昔
5 曲
6 起
7 軽
8 乗
9 安

注意 「低《ひく》い」という対義語もある。

10 着
11 短
12 苦
13 返
14 集
15 動
16 登
17 問
18 両
19 守
20 落

48 同じ部首の漢字3

1 決
2 消
3 勝
4 勉
5 板
6 横
7 顔
8 題
9 員
10 商

注意 「品」も「くち」の漢字。

11 屋
12 局
13 筆
14 箱
15 意
16 感
17 院
18 陽
19 庭
20 庫

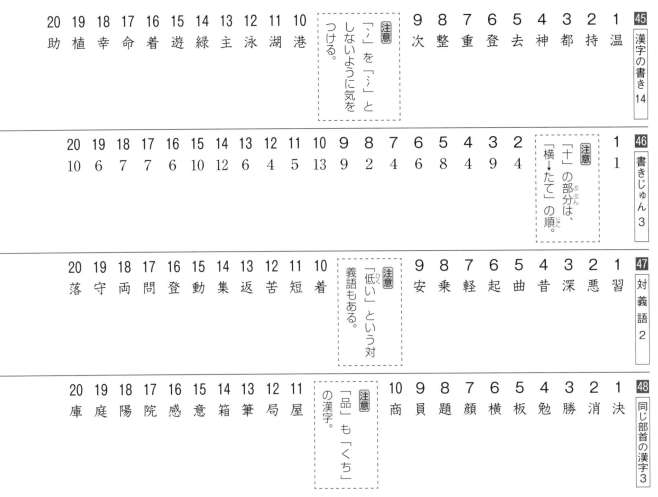

49 同じ読みの漢字4

1 館
2 感

注意 「かん」と読む漢字には、ほかに「寒」「漢」もある。

3 代
4 第
5 球
6 級
7 究

注意 「きゅう」と読む漢字には、ほかに「急」「宮」もある。

8 遊
9 由
10 有

50 同じ読みの漢字5

1 注
2 柱
3 央
4 横
5 陽
6 洋
7 様

注意 「よう」と読む漢字には、ほかに「葉」「羊」もある。

8 送
9 相
10 想

注意 「そう」と読む漢字には、ほかに「早」「走」がある。

51 漢字と送りがな3

1 流れる
2 幸せ

注意 「幸」には「さいわ(い)」という訓《くん》読《よ》みもあり、「幸い」と書く。

3 反らす
4 調べる
5 味わう
6 守る
7 苦しい
8 習う
9 平ら

注意 「平」には、「ひら」という訓読みもある。

10 軽い
11 配る
12 宿す
13 温める
14 化ける

52 漢字と送りがな4

1 祭り
2 寒い
3 深い
4 実る
5 泳ぐ
6 消える
7 急ぐ
8 放す
9 向ける
10 進める

注意 「進」には、「すす(む)」という訓《くん》読《よ》みもある。

11 仕える
12 暗い
13 受かる

注意 「受」には、「う(ける)」という訓読みもある。

14 委ねる

53 音読みと訓読み4

1 ふうそく
2 はや
3 ほうりゅう
4 はな
5 がばん
6 いた
7 だいきん
8 か

注意 「代」には、「か(える)」「よ」という訓読《くんよ》みもある。

9 はんぱつ
10 そ

注意 「反」には、「そ(る)」という訓読みもある。

11 きてき
12 ふえ

54 音読みと訓読み5

1 どうよう
2 さま
3 りょこう
4 たび
5 めいきょく
6 ま

注意 「曲」には、「ま(げる)」という訓読《くんよ》みもある。

7 こううん
8 はこ
9 じっこう
10 み
11 たんしょ
12 みじか

注意 「みじかい」は「短かい」と書きやすいので、送《おく》りがなに注意《ちゅうい》しておく。

実力完成テスト1

(一)
1 どうわ
2 あつ
3 のうか
4 うつく
5 とかい
6 べんきょう
7 ぶんしょう
8 しま
9 はこ
10 きょねん
11 くうこう
12 がかり
13 ほうそう
14 きゅうしゅう
15 かわ
16 さら
17 ひと
18 びょういん
19 ちゅうおう
20 お
21 な
22 かんそう
23 いそ
24 あいて
25 わる
26 しゃこ
27 みや
28 なみ
29 ふえ
30 きょく

(二)
1 10
2 4
3 8
4 12
5 3
6 4
7 5
8 5
9 3
10 9

(三)
1 登
2 短
3 部
4 安
5 始

答え

(四)

1 葉
2 苦
3 役
4 待
5 流
6 湖
7 拾
8 持
9 橋
10 横

(五)

1 委
2 医
3 階
4 界
5 使
6 仕
7 重
8 住
9 宮
10 球

(六)

1 温かい
2 助ける
3 注ぐ
4 受ける
5 暗い

(七)

1 じょうひん
2 しなもの
3 へんじ
4 かえ
5 すいえい
6 およ
7 かせき
8 ば
9 かいがん
10 かわぎし

注意 「岸」の訓読《くんよ》みは「きし」だが、「川岸」、「向《む》こう岸」など、「ぎし」と読む場合がある。

(八)

1 寒
2 息
3 有
4 祭
5 帳
6 取
7 庭
8 畑
9 表
10 面
11 板
12 消
13 転
14 乗
15 族
16 旅
17 屋
18 根
19 反
20 対

実力完成テスト2

(一)

1 どうろ
2 う
3 そうだん
4 あく
5 し
6 かる
7 にもつ
8 ひら
9 けつ
10 ぎんこう
11 けん
12 くば
13 みなと
14 たす
15 ばんごう
16 れい
17 ゆ
18 はこ
19 ぎょうれつ
20 しら
21 さぎょう
22 なが
23 かせき
24 てちょう
25 ちゅうもん

26 じめん
27 ひつじ
28 りゆう
29 す
30 かな

(二)
1 7
2 7
3 8
4 6
5 6
6 1
7 11
8 3
9 3
10 1

(三)
1 追
2 遠
3 曲
4 死
5 対

(四)
1 速
2 進
3 庭
4 庫
5 安
6 守
7 柱
8 根
9 発
10 登

(五)
1 終
2 集
3 身
4 真
5 消
6 章
7 福
8 服
9 遊
10 有

(六)
1 決める
2 整える
3 重ねる
4 落ちる
5 等しい

(七)
1 こうじょう

注意 「こうじょう」には、「工場」や「口上」(口で言うことやあいさつという意味)という熟語《じゅくご》もある。

2 む
3 ほどうきょう
4 はし
5 あんざん
6 くら
7 かいてん
8 ころ
9 じょうしゃ
10 の

(八)
1 島
2 植
3 医
4 者
5 育
6 箱
7 放
8 送
9 区
10 勝
11 仕
12 事
13 世
14 階
15 主
16 笛
17 両
18 飲
19 病
20 院